Sueli Caramello Uliano

# POR UM NOVO FEMINISMO

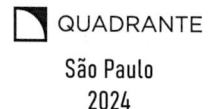

2ª edição

QUADRANTE

São Paulo
2024

Copyright © 1995 Quadrante

**Dados Internacionais de Catalogação na Publicação (CIP)**

Uliano, Sueli Caramello
Por um novo feminismo / Sueli Caramello Uliano — 3ª ed. — São Paulo : Quadrante, 2024.

ISBN: 978-85-7465-719-6

1. Comportamento sexual 2. Ética sexual 3. Revolução - Sexualidade 4. Sexo - Aspectos sociais I. Título

CDD-306.7

**Índice para catálogo sistemático:**

1. Comportamento sexual : Sociologia 306.7

Todos os direitos reservados a
QUADRANTE EDITORA
Rua Bernardo da Veiga, 47 - Tel.: 3873-2270
CEP 01252-020 - São Paulo - SP
www.quadrante.com.br / atendimento@quadrante.com.br

# SUMÁRIO

INTRODUÇÃO:
   UMA ASPIRAÇÃO NATURAL .................. 5

A MULHER QUE UM CERTO
   FEMINISMO APREGOA ......................... 9
   A mulher de ontem… a mulher de hoje ... 14
   Mulher, trabalho, família, filhos .............. 19
   O feminismo e o mundo materialista ...... 22
   Recatar-se ou escancarar-se? .................... 24
   Um réquiem para o velho feminismo ...... 27

QUEM É, AFINAL, A MULHER? ................. 31
   As raízes cristãs ........................................ 35
   Cristo e as mulheres ................................ 39
   A mulher que o homem vê ...................... 46
   Igualdade e diversidade ........................... 48
   Viva a diferença! ...................................... 51

| | |
|---|---|
| Desigualdade ou complementaridade?..... | 54 |
| Existe, afinal, um conflito entre os sexos? ........................................... | 57 |
| **CAMINHOS TORTUOSOS: A MULHER À DERIVA** .............................. | 63 |
| A nova expoliação masculina .................... | 66 |
| O sexo como "pão e circo" ........................ | 69 |
| O pão e o amor ........................................ | 72 |
| Um exército de neuróticas ........................ | 78 |
| A "escolha de Sofia" .................................. | 82 |
| **O FEMINISMO DESEJÁVEL** ....................... | 87 |
| O poder de resistência.............................. | 87 |
| A mulher e a realização profissional ....... | 93 |
| Um exemplo (cinematográfico!)............... | 98 |
| A profissional do lar ................................. | 100 |
| A economia doméstica ............................. | 105 |
| Um feminismo audacioso ......................... | 109 |
| **MARIA, MODELO DO FEMINISMO** ......... | 117 |
| **NOTAS BIBLIOGRÁFICAS** ............................ | 123 |

# INTRODUÇÃO
# UMA ASPIRAÇÃO NATURAL

Entro no elevador com a minha filha de três anos e um metro de altura. E ela exprime então, contemplando a botoeira, o grande sonho da sua vida:

— Eu ainda vou crescer e alcançar aquele número lá do alto!

Brinco com ela, dizendo-lhe que vai fazer coisas mais interessantes do que andar de elevador, e acabo caindo na clássica pergunta:

— E o que você vai ser quando crescer? Olha-me intrigada... Parece-me que não entendeu a questão e apresso-me a esclarecer:

— Você vai ser médica? Vai ser dentista? Professora?

Responde-me, convicta:

— É claro que eu vou ser mãe!

Devo confessar que adorei a resposta! Diverti-me lisonjeada! (Também é verdade que, dias depois, contrariada com algumas exigências minhas, a pequena resolveu que queria mesmo era ser "vó"...).

O episódio fez-me pensar e corar. Por que não me ocorrera o papel de mãe como uma possibilidade futura para a minha filha, certamente não exclusiva, mas primordial? E por que ela, sem ter sido incentivada diretamente, amealhara para si esse sonho, essa aspiração?

Como é natural, não ando a esbanjar a toda a hora, entre sorrisos e amabilidades, a felicidade de ser mãe, e temo que a minha filha não a veja estampada no meu rosto com a frequência que eu desejaria. Mesmo assim, a maternidade revelou-se a grande aspiração dessa mulher-criança. Há aí um mistério que ultrapassa qualquer explicação de ordem cultural: jamais agi deliberadamente no sentido de criar a minha filha para ser mãe, e no entanto essa aspiração brotou com toda a espontaneidade no mais íntimo do seu ser.

Assim é: a mãe insiste em realizar-se na mulher. Diria mais: em toda a mulher..., por mais que um certo feminismo queira que pensemos de outra forma.

# A MULHER QUE UM CERTO FEMINISMO APREGOA

O movimento feminista, destinado a conseguir a equiparação dos direitos sociopolíticos da mulher aos do homem, nasceu na Europa.

Na França, desde a Revolução Francesa, delineiam-se doutrinalmente as ideias feministas, com a apresentação, por Olympia de Gouges, da *Declaração dos direitos da mulher e da cidadã* (1791). Em 1793, o filósofo e escritor Condorcet inclui no texto prévio da Constituição o voto para as mulheres, mas, apesar das inúmeras propostas de lei apresentadas, esse direito só chegou a ser reconhecido em 1944.

Na Inglaterra, Mary Wollstonecraft publica, em 1792, o livro *A Vindication of the Rights of Women* ("Uma reivindicação dos direitos das mulheres"), cujos conceitos se divulgam na segunda metade do século XIX. Por ironia, um homem, John Stuart Mill, lança em 1869 o que viria a ser o clássico da literatura feminista: *The subjection of women* ("A sujeição das mulheres"), em que pedia igualdade de salários, acesso à educação em todos os âmbitos, igualdade jurídica e política. Mas o direito do voto feminino seria conseguido na Inglaterra somente em 1918, depois de nada menos que 2.584 petições ao Parlamento e apesar de as *sufragettes* terem tentado impor-se, por mais de 50 anos, através de atitudes menos sensatas como incendiar edifícios públicos, estações de trem, caixas de correio etc., que lhes valeram prisões e uma certa fama pejorativa para as integrantes do movimento sufragista e feminista em geral...

Nos Estados Unidos, a luta pela conquista do voto feminino também foi prolongada. Em 1848, em Nova York, Lucrecia Mott e Elyzabeth Cody Stanton lideraram um grupo de mulheres que compôs a *Declaration of sentiments.* Nesse documento, além de pedir o direito de voto político, expunham as limitações impostas às mulheres nos estudos, no trabalho, no matrimônio etc. A fim de obter uma emenda à Constituição Federal que garantisse o voto feminino, em 1869, a mesma Elyzabeth Stanton e Susan B. Anthony fundaram a "Associação Nacional para o sufrágio feminino". Simultaneamente, surgiam outros movimentos com o mesmo propósito, que marcaram sua presença através de paradas femininas, desfiles, interrupções nos comícios eleitorais etc. Mas somente em 1920 as sufragistas conseguiriam a vitória através de uma emenda constitucional.

É também dos Estados Unidos que vem a lembrança de um momento trágico: no dia 8 de março de 1857, em Nova York, deflagrou-se a primeira greve conduzida somente por mulheres. Em luta por melhores condições de trabalho, traduzidas numa jornada de dez horas e melhores salários, 129 operárias têxteis tomaram conta de uma fábrica. Os patrões não cederam e mandaram atear fogo ao prédio, matando-as todas. Em sua memória, a Conferência Internacional da Mulher, reunida em 1910, declarou o dia 8 de março *Dia Internacional da Mulher*.

Na década de 1960, surgiram novos movimentos a título de promover a libertação feminina; apresentavam novos objetivos e uma linguagem nova, mas coincidiam no fundo com os movimentos anteriores, embora levassem as suas propostas a uma radicalidade sem precedentes. Podemos citar a *National Organization for Women* — NOW — fundada por Betty Friedan, em 1966, cujos objetivos básicos se referiam à igualdade com o homem quanto ao salário e possibilidades de trabalho, maior intervenção na vida pública, reorganização do trabalho doméstico e, de modo às vezes conflitante, ao matrimônio e educação dos filhos.

No Brasil, a primeira fase da trajetória sociopolítica da mulher tem início com a luta pelo direito à instrução e toma forma com a adesão às campanhas abolicionistas do século passado. Em 1917, trabalhadoras têxteis dão início a uma greve por redução da jornada de trabalho e melhores salários. Em 1919, Bertha Lutz e Olga Paiva Meira representam as brasileiras no Conselho

Feminino Internacional do Trabalho. Em 1928, o Rio Grande do Norte admite o voto feminino, que é estendido, em 1932, a todo o território nacional.

Também aqui a atividade política feminina ressurgiria com mais força nos anos recentes, na campanha pela anistia e pelas liberdades democráticas, e as Delegacias da Mulher viriam em auxílio das que sofrem violência e assédio sexual.[1]

*A mulher de ontem... a mulher de hoje...*

As primícias do movimento feminista tiveram, pois, em vista projetar a mulher na vida pública. Nada mais justo, já que a mulher tem a mesma dignidade do homem e há de ter também a mesma responsabilidade na promoção do bem comum.

Mas, para entrar rapidamente no assunto, digamos desde já que a bandeira da "igualdade entre os sexos" foi erguida com excessiva frequência de modo equivocado. Hoje em dia, na esteira das feministas radicais e do assustador simplismo que parece permear toda a opinião pública (ou pelo menos a mídia, que se autoconsidera "procuradora bastante" da opinião pública), pretende-se não tanto a emancipação da mulher valorizando o que lhe é próprio e exclusivo, mas uma grotesca imitação do modo masculino de atuar.

Nessa trilha, não é raro ver mulheres que se sentem no "direito" de assumir precisamente os *erros* de comportamento do sexo oposto, como se fossem prerrogativas vantajosas do homem: o sexo desprovido de responsabilidades e consequências (a principal reivindicação do movimento), acompanhado do seu clássico séquito — a anticoncepção, a defesa do divórcio e do aborto —; a grosseria de maneiras e a completa ausência de pudor; e os vícios outrora considerados "masculinos", como a embriaguez, o jogo, as drogas...

Infeliz escolha, porque já se vê que semelhante "feminismo" só acaba por traçar um perfil caricaturesco da mulher, tão depreciativo como o mais machista dos comportamentos masculinos. Há pouco tempo, certa jornalista, numa espécie de questionário dirigido às adolescentes e publicado num dos principais jornais do país, classificava-as com base nas respostas em três tipos: "sabiá na gaiola", "pombinha branca" e "com a franga solta".[2] Precisa acrescentar alguma coisa?

Segundo o quadro que nos traçam, a mulher do passado era uma infeliz que sucumbia diariamente sob o peso esmagador dos afazeres domésticos: "barriga no fogão e no tanque, e um bando de filhos agarrados à barra da saia". A mulher

— dizem-nos, e deve-se reconhecer que, por causa da mediocridade de alguns e algumas, há um pouco de verdade nessa caricatura — só servia para cozinhar, lavar, passar a roupa e gestar. Ou, de modo mais gráfico, para ficar em casa "chocando". Não passava de uma escrava do marido e dos filhos, e teria cabido ao feminismo libertá-la dessa escravidão.

Há aí um erro de abordagem histórica: julga-se o passado com os olhos do presente, exagerando alguns aspectos e deixando outros na sombra, manipulando as conclusões. Todos sabemos que a mulher do passado mandava muito (pelo menos, *através* do marido...), embora essa intervenção social fosse reconhecidamente um tanto anônima. E todos sabemos também que trabalhava muito e com muita "garra", sem sequer imaginar as facilidades com que o futuro a presentearia.

Se hoje a mulher pouco fica com a barriga no fogão, é principalmente porque este não é a lenha nem a carvão: já não há fagulhas voando pela casa nem são necessárias técnicas sutis para acender ou apagar o fogo. No tanque, então, pouco se encosta: as máquinas de lavar fazem o serviço com relativa eficiência e, para casos específicos, há produtos especiais. O trabalho doméstico adquiriu um ritmo bem diferente do que tinha outrora com a evolução dos tecidos, com o ferro elétrico que substituiu as brasas incandescentes (Que loucura! Qualquer descuido e a camisa branca amarelava). E o ferro elétrico tornou-se automático. E as camisas coloriram-se... Surgiram os congelados e os micro-ondas, que deram à mulher maior versatilidade de horários. E nem falemos do automóvel, do telefone etc.!

Portanto, se a mulher afastou a barriga do fogão e do tanque, foi porque houve uma evolução tecnológica que lhe proporcionou isso, e não graças às bandeiras ideológicas. Reconhecido isto, porém, levanta-se outra questão: E os filhos? Como não tê-los à barra da saia? A barra da bermuda? Agarrados às calças compridas? Porque a mulher pode até mudar a indumentária, mas a sua condição de mãe prende os filhos a seu regaço de modo inimitável, insubstituível.

*Mulher, trabalho, família, filhos*

Não podemos, pois, felicitar o feminismo como responsável pela simplificação de tantas tarefas desgastantes do lar; mas, em contrapartida, podemos lamentar que tenha sido o grande incentivador do "conflito entre os sexos", que se tornou verdadeira palavra de ordem nos últimos anos. A ideia-chave, aqui, foi que a mulher moderna tinha de ser "emancipada", isto é, tinha de sair de casa para trabalhar.

Não há dúvida de que procurar condições e espaço para estudar e trabalhar são reivindicações justas, e que a crescente atuação da mulher na vida social, profissional e política é um benefício tanto para os homens como para as mulheres em geral. Mais uma vez, a questão está em que o feminismo, tal como tem sido apregoado com tanta insistência, exagerou na dose.

A mulher que fica em casa — dizem-nos — está "abortando" a sua vida profissional; se prioriza os cuidados com a família, isso já basta para demonstrar que não é uma mulher "moderna". (E daí? Será que importa ser moderna? Não seria mais interessante ser perene?) Perdura em muitas cabeças a já antiquada definição de Betty Friedan (*The Feminine Mystique*, 1963), de que a família não passaria de um "confortável campo de concentração", destinado "a impedir a mulher, com razões pseudo-biológicas e pseudo-naturais, de afirmar-se profissionalmente".

Mas foi-se mais longe: outra expoente do movimento, Gloria Steinem, chegava a afirmar não há muito tempo que "a mulher tem tanta necessidade do homem como um peixe de uma bicicleta". Daí que o movimento feminista tenha enveredado por um caminho verdadeiramente egolátrico e abertamente oposto à família, que afinal de contas exige uma renúncia hoje em dia "inadmissível" para a mulher "liberada". Passou-se a defender o sexo livre e as uniões temporárias, descartáveis; a militar em favor do divórcio; e, nos casos mais extremos, a recomendar a "produção independente" (para aquelas que ainda sintam algum prurido "maternal") e o lesbianismo, que já permite a independência completa em relação ao macho da espécie.

## *O feminismo e o mundo materialista*

A mulher "moderna", portanto, não encosta a barriga no fogão, não molha a barriga no tanque e não permite que lhe venham filhos à barriga. Aliás, a melhor anatomia para a barriga é desaparecer. Isso faz da mulher um belo corpo, sem barriga... e sem alma!

A sua vida passa a girar em torno do umbigo, que aliás expõe em abundância: frequenta as academias, faz *jogging*, ginástica aeróbica e balé moderno; já não sabe cozinhar, mas, em contrapartida, traz sempre consigo a tabelinha de calorias e vive num permanente regime para não perder a forma.

Essa preocupação com o corpo, como se fosse o valor máximo, revela a superficialidade desumana que vem atingindo a sociedade. E essa desumanização é resultado do materialismo que valoriza o "rico dinheirinho" em detrimento de tudo o mais: o que vale é viver bem, ter bem-estar, "status", carro do ano, apartamento luxuoso, frequentar a noite — e para isso é necessário trabalhar duro.

Trabalhar duro e jamais pensar na morte. Mas, como a morte às vezes passa perto e o apego a esta vida se revela insuperável para o ou a materialista, inclui-se a morte num verdadeiro "processo de reciclagem" por meio de uma vaga religiosidade esotérica ou espírita. Homem e mulher, hoje, também se creem recicláveis: vão e voltam, "encarnam e desencarnam", e "tudo continua numa boa". No fundo, é como se se estivesse satisfeito de ser apenas um invólucro, como uma latinha de refrigerante ou um vidro de maionese. Se sou vários ou se fui vários, na verdade não sou ninguém, não sou "eu". É o mesmo que fantasiar carnavalescamente o nada. Que valem as minhas "vidas passadas" se delas não restam nem ossos nem despojos? Tão rapidamente — no passe de mágica de uma "reencarnação" — se apagaram da "minha alma" os grandes amores e as grandes dores que são o fundo mais fundo de uma vida humana?

*Recatar-se ou escancarar-se?*

O feminismo "clássico" dos anos sessenta não só não escapou da influência materialista e da consequente perda do sentido religioso mais profundo, como foi uma das correntes mais importantes da sua difusão. Gertrud von Le Fort, na sua obra *A mulher eterna*, manifestava já uma grande preocupação com essa perda, pois considerava os valores religiosos um quinhão específico da mulher, e lamentava a perda do recato em relação à vivência de momentos íntimos, como a hora do parto, por exemplo, que lhe outorgava um clima de mistério e sacralidade.

Hoje, a vida de todos e de todas é alvo de pesquisas jornalísticas expostas de preferência em documentários televisivos nos quais, quanto mais "cão" for o mundo, melhor. Estabeleceu-se um novo código de convivência em que a privacidade e o pudor são ousadias inadmissíveis: a nova "autenticidade" exige que se fale publicamente da própria intimidade, e, na medida do possível, dos seus aspectos mais escabrosos. Nem a religião nem a moral entram em jogo, de modo que nem sequer se pensa em juízos de valor. Escancarar-se é o pressuposto para agir "bem", ainda que se revelem pocilgas malcheirosas e fiquem evidentes as chagas abertas, para as quais não há remédio possível senão voltar a escancarar-se e voltar a sangrar.

Esse falar de si deliberadamente é um sedativo; não cura, mas entorpece. E até embriaga: porque, se se deixa de proteger os anseios mais profundos, então não é de admirar que se perca o respeito pelo próprio corpo e se goste de transformá-lo em pasto onde chafurdam as curiosidades sensuais. O corpo feminino torna-se a mola, o acicate da sensualidade: por que não convencer a mulher de que deve expor-se fisicamente? Por que não reduzi-la a um simples pedaço de carne em exposição e venda?

Essa pressão, que induz a mulher a cultuar a atitude narcisista de olhar-se continuamente "por dentro e por fora" e a expor-se do mesmo modo, contribuiu para persuadi-la da sua nova importância. Mais um logro, evidentemente. Quando expõe gratuitamente o corpo, a mulher passa a identificar-se com a mera carne feminina: vulgariza-se, passa a ser parte de um bando onde o belo e o grotesco suscitam apenas impulsos grosseiros, e muitas vezes gargalhadas. Como é possível valorizar a pessoa-mulher nesse quadro?

*Um réquiem para o velho feminismo*

Mas o feminismo já admite que errou ao situar a importância profissional e social da mulher apenas fora do lar, ignorando o valor que o marido e os filhos têm para ela. Da luta pela igualdade de direitos civis e acesso ao trabalho, o movimento feminista pretendeu estender a sua influência até a vida pessoal de cada uma, mas contra isso se rebelaram não poucas mulheres — se não de palavra, com as atitudes —, e hoje as líderes feministas mudaram de discurso.

Assim o declarava Betty Friedan recentemente: "Na primeira etapa do feminismo moderno, tomamos uma posição defensiva [...], em que nos recusávamos a definir a mulher apenas como mãe de família e rainha do lar. É chegado o momento de mudar essa retórica e admitir que o que muitas mulheres querem é justamente estar em casa e dedicar-se aos filhos".[3]

Por sua vez, Germaine Greer, porta-voz da "liberação sexual" da mulher, critica no livro *Sex and Destiny*, de 1984, a mentalidade antinatalista difundida no mundo ocidental. Candidamente, passou a sustentar que "as mulheres têm uma inclinação natural para a maternidade", e que a mítica "independência" a que aspiravam não as levou a parte alguma e não valia o sacrifício que fizeram privando-se de filhos.

Um protótipo da independência feminina, a cantora Barbara Streisand, declarava recentemente numa entrevista ao *Washington Post* "Embora o meu lado feminista me diga que é necessário ser independente e não precisar de ninguém que se ocupe de nós, na vida prática nem sempre é assim. Existe o fator humano". E a vociferante Steinem, que vimos acima proclamando precisar tanto de um homem como o peixe de uma bicicleta, casou-se com um multimilionário que seduziu lançando mão de todos os estereótipos e "truques" femininos que sempre havia desprezado, como ela mesma reconhece no livro *Revolution from within*...

Num balanço do movimento feminista feito ao *Washington Post* de 21 de janeiro de 1992, a escritora Sally Quinn conclui que "o feminismo, tal como o conhecemos, está morto. [...] As feministas ignoraram as necessidades mais profundas e mais fundamentais da base". Talvez fosse mais correto dizer que é o feminismo radical que hoje se encontra em extinção, apesar de ainda subsistirem no "parque dos dinossauros" uma estridente meia dúzia de sexólogas, políticas e artistas de cinema.

O problema é que a mídia e os atuais movimentos de vanguarda continuam a promovê-las como porta-vozes dos anseios femininos e a enviá-las como tais às reuniões de organizações internacionais: não é à toa, pois a sua defesa do aborto livre, da bissexualidade e do lesbianismo — tanto mais histérica quanto mais carente de respaldo popular — continua a render manchetes sensacionalistas. Além disso, perdura ainda na cabeça de muitos e de muitas um rastro turvo de egoísmo hedonista, de impureza e de clichês que só pode ser apagado na medida em que as mulheres tomem consciência de quem são verdadeiramente — como mulheres.

# QUEM É, AFINAL, A MULHER?

Aí está uma pergunta a que é difícil responder. Como é difícil responder a esta outra: "Quem é o homem?" Ou, de maneira mais geral, quem é o ser humano nas suas dimensões feminina e masculina.

Comentava-me alguém que, do ponto de vista "teológico", a questão toda se resume nuns poucos princípios simples. Penso que a verdade é exatamente o contrário: é quando se assume o ponto de vista materialista, retocado talvez com umas pinceladas de evolucionismo místico, que tudo se reduz a uns poucos aspectos elementares… e vazios.

Se o ser humano é apenas mais um mamífero que evoluiu naturalmente de outra espécie, e passou gradativamente de irracional a racional, sem receber de Deus uma alma imortal, no fundo continua a não passar de um *animal*. Se o espírito, com tudo o que traz consigo — a inteligência, capaz de reconhecer a verdade e o bem; a consciência, que julga os nossos atos em função do bem que a inteligência lhe apresenta; a vontade, que nos permite decidir livremente em favor do bem —; se o espírito, com tudo isso, não passa de um estágio "normal" na "lenta evolução da matéria em direção à autoconsciência", então não há nada de essencial que nos distinga de qualquer degrau anterior desse processo, por exemplo de uma ameba. No fundo, tal como a ameba, não passaríamos de "aglomerados de proteína", apenas casualmente um pouco mais sofisticados.

Para um cristão, porém, foi a intervenção de Deus no processo evolutivo, ao orientar a transformação do *pó da terra* num corpo humano e ao insuflar nesse corpo *o hálito de vida* — o espírito ou alma —, que possibilitou o aparecimento do ser humano. Mais do que isso: feita à imagem e semelhança do Criador, essa criatura absolutamente nova sobre a face da terra, pela sua espiritualidade, reflete na sua alma imortal a Sabedoria e a Bondade de quem a criou.

"Por ser *à imagem de Deus* — lemos no Catecismo da Igreja Católica —, o indivíduo humano tem a dignidade de *pessoa*: não é apenas *alguma coisa*, mas *alguém*. É capaz de se conhecer, de se possuir e de livremente se dar e entrar em comunhão com outras pessoas. E é chamado, pela graça, a uma aliança com o seu Criador, a oferecer-lhe uma resposta de fé e de amor que ninguém mais pode dar em seu lugar" (n. 357).

Se, por ficção, adotássemos por uns momentos a concepção puramente materialista — o evolucionismo estritamente material —, só poderíamos distinguir na espécie humana entre mamíferos machos e fêmeas (embora de vez em quando pretendam impingir-nos um "terceiro sexo", e não falte quem tenha sugerido outros mais, até chegar a onze...).

Veríamos também que não existe base alguma para se falar em "dignidade humana" e em "direitos humanos", que em nada se distinguiriam dos "direitos" da ameba, do mico-leão dourado ou do tubarão branco, por exemplo.* Ou seja, se tomarmos por base a concepção puramente

---

\* Curioso é apenas que os "crimes" contra esses animais sejam inafiançáveis, ao passo que não o são crimes hediondos cometidos contra a espécie humana: basta pensar no aborto.

"materialista-evolucionista" da existência, a resposta à pergunta: "Quem é a mulher?" termina aqui: mulher é a fêmea da espécie chamada "homem", biologicamente condicionada a perpetuar essa espécie. O relacionamento entre homem e mulher não passa de um confronto, de uma luta pela sobrevivência do indivíduo pautada pelos instintos, pelas tendências animais ao bem-estar e ao prazer, por um jogo de poderes egoísta no qual vence o mais forte. Tudo o mais são simples eufemismos vocabulares, destinados a disfarçar essa realidade a fim de melhor submeter os mais tolos — e as mais tolas.

## *As raízes cristãs*

Se considerarmos as raízes cristãs, no entanto, haverá ainda um longo caminho a percorrer, dada a enorme riqueza que a questão encerra. Deter-nos-emos no essencial: *Homem e mulher os criou* (Gn 1, 27), e deixaremos falar o novo Catecismo da Igreja Católica.

"O homem e a mulher foram *criados*, isto é, foram *queridos por Deus*: por um lado, em perfeita igualdade enquanto pessoas humanas, e por outro, no seu ser respectivo de homem e de mulher. 'Ser homem', 'ser mulher' é uma realidade boa e querida por Deus: o homem e a mulher têm uma dignidade inalienável que lhes vem diretamente de Deus, seu Criador. O homem e a mulher são, em idêntica dignidade, 'à imagem de Deus'. No seu 'ser-homem' e no seu 'ser-mulher', refletem a sabedoria e a bondade do Criador" (n. 369).

É preciso afirmar, pois, que é bom e maravilhoso ser mulher. É preciso que a mulher se aceite a si mesma e cultive o orgulho dessa condição própria: ser *filha de*

*Deus* na sua identidade específica de mulher, expressamente querida dessa forma por Ele. Em todo tipo de feminismo que só pretenda levar a mulher a imitar o homem, o que na verdade está latente é uma revolta contra a condição feminina, um verdadeiro *complexo de inferioridade*, uma inveja injustificável em face do homem. Falta a aceitação de si, a descoberta maravilhada de si mesma, como alguém que recebeu um privilégio único e insubstituível do Criador.

Com a sua delicadeza inigualável, a poetisa Adélia Prado resume assim o seu ser-mulher:

*Quando nasci, um anjo esbelto,*
*desses que tocam trombeta, anunciou:*
*Vai carregar bandeira.*
*Cargo muito pesado pra mulher,*
*esta espécie ainda envergonhada.* [...]

*Mas o que sinto, escrevo. Cumpro a sina.*
*Inauguro linhagens, fundo reinos*
*— dor não é amargura.*
*Minha tristeza não tem pedigree;*
*já a minha vontade de alegria,*
*sua raiz vai ao meu mil avô.*
*Vai ser coxo na vida é maldição pra*
*homem.*
*Mulher é desdobrável. Eu sou.*[4]

E o Catecismo esclarece ainda: "Deus não é de modo algum à imagem do homem. Não é nem homem nem mulher. Deus é puro espírito, não havendo nele lugar para a diferença dos sexos" (n. 370). Como são insensatas, com efeito, as querelas e disquisições de algumas feministas que enxergam "sexismo" e "discriminação" na tradicional maneira de referir-se a Deus com o gênero masculino, e querem a todo o custo que se introduza o novo pronome "Ele/a" na teologia... A questão situa-se inteiramente em outro plano: "As 'perfeições' do homem e da mulher refletem algo da infinita perfeição de Deus: as de uma mãe e as de um pai e esposo" (n. 370). Não se trata de imaginar Deus como homem ou mulher, mas sim de tomar consciência de que ser mulher — como ser homem — é *um dos modos possíveis* de refletir no plano do ser criado a incomensurável Verdade, Bondade e Beleza do Criador.

*Cristo e as mulheres*

Para uma cristã ou um cristão, estes ensinamentos do Catecismo não trazem propriamente algo de novo, embora iluminem de maneira nova as verdades que já sabíamos. Afinal, quem de nós não conhece as cenas evangélicas que se desenrolam em torno da mulher e o princípio da igualdade fundamental entre os sexos defendido pela moral cristã de todos os tempos? Ao longo da História, sempre foi ao cristianismo que coube o papel de devolver à mulher a sua dignidade.

Já o relacionamento de Cristo com as mulheres foi desconcertante para a mentalidade da sua época. Assim, o Senhor acata a intervenção de sua Mãe em Caná e adianta a hora de iniciar a sua vida pública (cf. Jo 2, 1-11). Trata as irmãs Marta e Maria com um afeto cheio de respeito, e a pedido delas realiza um dos seus maiores milagres: a ressurreição de Lázaro (cf. Jo 11, 17-44). E é no diálogo com a Samaritana que deixa transparecer pela primeira vez a sua condição de Messias (cf. Jo 4, 1-42).

Se o Senhor mantém diante das mulheres o respeito e até a reserva necessária para que nunca possa surgir a menor dúvida acerca da sua pureza de vida,* nem por isso deixa de tratá-las com especial solicitude e deferência. Maria Madalena será a primeira testemunha da Ressurreição, encarregada por Cristo de transmitir essa boa nova por excelência aos Apóstolos (cf. Jo 20, 11-18). E o episódio da ressurreição do filho da viúva de Naim revela-nos que o coração de Cristo se comove com a dor de uma mãe, mesmo que não saiba que tem o Redentor ao seu lado.

E as mulheres sabem por sua vez agradecer-lhe esse carinho. Na hora da contradição, mostrarão mais coragem e nobreza do que os homens: são elas que se encontram junto à cruz, depois que os

---

\* Ao vê-lo conversar com a Samaritana junto do poço de Sicar, os discípulos *admiraram-se de que estivesse falando com uma mulher* (cf. Jo 4, 27), o que indica que não era seu costume fazê-lo a sós.

Apóstolos — com exceção de João, um adolescente — abandonaram o Mestre (cf. Jo 19, 25). E são também elas que, logo na manhã do domingo de Páscoa, se lembram de lavar e ungir o corpo do Senhor, e se dirigem ao túmulo apesar de saberem que se encontra selado e guardado por soldados (cf. Lc 24, 1-11).

Mas, se Cristo distinguiu tanto as mulheres, por que não chamou nenhuma mulher ao sacerdócio ministerial? E a atitude da Igreja, contrária à ordenação de mulheres, não é "discriminatória"? É evidente que não pesaram na decisão do Senhor os condicionamentos históricos, legais ou sócio religiosos dos judeus, que não tinham sacerdotisas embora tivessem profetisas, nem os precedentes da cultura helênica, que por sua vez admitia farta e facilmente sacerdotisas destinadas ao culto de algumas divindades.

"Ao chamar somente homens como seus Apóstolos — diz João Paulo II —, Cristo agiu de um modo totalmente livre e soberano. Fez isto com a mesma liberdade com que, em todo o seu comportamento, pôs em destaque a dignidade e a vocação da mulher".[5] E, em outro documento, ressalta: "O fato de que Maria Santíssima, Mãe de Deus e Mãe da Igreja, não tenha recebido a missão própria dos Apóstolos nem o sacerdócio ministerial mostra claramente que a não admissão das mulheres à ordenação sacerdotal não pode significar nem uma desvalorização da sua dignidade nem uma discriminação, mas a observância fiel de um desígnio que deve ser atribuído à sabedoria do Senhor do Universo. A presença e o papel a ser desempenhado pela mulher na vida e na missão da Igreja, ainda que não estejam vinculados ao sacerdócio ministerial, são absolutamente necessários e insubstituíveis".[6]

Assim como entre os diversos órgãos de um corpo há diversidade de funções, assim também na Igreja, sem que isso implique mérito ou demérito de qualquer tipo, como já recordava São Paulo nos inícios (cf. 1 Cor 12, 4-31). Ninguém pode ter, além disso, o *direito* de ser ordenado sacerdote, quer seja homem, quer seja mulher: trata-se de um *serviço* e não de uma dignidade ou de um benefício pessoal do qual alguém possa se sentir "expoliado". Portanto, se a mulher detém na Igreja uma função de serviço diferente da de alguns homens — os padres são a minoria dos homens cristãos — em que poderia isto rebaixá-la? Quem se atreveria a dizer que Maria teve um papel inferior ao dos Apóstolos, de quem é Mãe, Senhora e Rainha?

Quanto ao que a Igreja fez pela condição feminina, baste lembrar que foi a primeira instituição em toda a História humana a proclamar a radical igualdade entre a mulher e o homem perante Deus, a moral e a lei humana (cf. 1 Cor 7, 3), e a primeira também a admitir que surgissem no seu seio associações e congregações constituídas e dirigidas unicamente por mulheres. Desde o início, atribuiu às mártires a mesma importância que aos mártires; defendeu a mulher da discriminação que lhe impunham o infanticídio feminino, a poligamia e o divórcio comuns entre os povos pagãos; e, nos momentos em que pôde influenciar de maneira eficaz a legislação civil, procurou que a mulher tivesse os mesmos direitos e o mesmo *status* legal que o homem. E não falemos do papel desempenhado por santas, abadessas, fundadoras e rainhas na Idade Média cristã, que não encontra paralelo entre nenhum povo pagão. Que mais se pode querer?[7]

## A mulher que o homem vê

"Criados *conjuntamente*", continua a dizer-nos o Catecismo, "Deus quer o homem e a mulher *um para o outro*. É o que a Palavra de Deus nos dá a entender em diversas passagens do texto sagrado: *Não é bom que o homem esteja só. Vou fazer-lhe uma auxiliar que lhe corresponda* (Gn 2, 18). Nenhum dos animais pode ser essa 'réplica' do varão (Gn 2, 19-20). A mulher que Deus 'modela' da costela tirada do homem e que apresenta ao homem provoca neste um grito de admiração, uma exclamação de amor e de comunhão: *É osso dos meus ossos e carne da minha carne* (Gn 2, 23). O homem descobre a mulher como um 'outro eu', da mesma humanidade" (n. 371).

*Osso dos meus ossos e carne da minha carne*: é bela e verdadeira essa "explosão de encantamento" que tomou conta do homem quando a mulher lhe foi apresentada pela primeira vez, nos primórdios da História. E essa admiração perdurará ao longo dos séculos, como base (às vezes esquecida) de todo o relacionamento entre o homem e a mulher.

Já houve quem se dedicasse a relacionar grosserias que os homens proferiram, ao longo dos séculos, ao se referirem às mulheres; penso, no entanto, que, se alguém se dedicasse a selecionar os elogios, os poemas, as heroínas femininas criadas pelo sexo oposto, não seria capaz de concluir a sua tarefa, tal o volume de material a ser coligido.

Além dessa descoberta do "outro eu", penso que há uma segunda raiz que alimenta essa admiração do homem pelo sexo oposto: e é, pura e simplesmente, a capacidade que a mulher tem de *ser mãe*.

O homem recebe a vida no seio de uma mulher. Experimenta, portanto, nas primícias da vida, a força generosa do ser feminino que o recebe e o protege. Quando desponta para a luz, é no regaço da mãe que continua a obter o leite e o amor, o calor, a segurança, a ternura, enfim, a vida.

## Igualdade e diversidade

Homem e mulher procuram a felicidade, e cada um realiza as suas aspirações conforme o seu modo próprio de ser. Essa diversidade, realmente, concorre para construir a felicidade que cada um procura: o homem, enquanto exercita o seu modo masculino de ser; e a mulher, o feminino. Ignorar a distinção entre os dois, a título de igualdade de direitos, é misturar questões de ordem diferente, e fazer distinções que estabeleçam uma hierarquia baseada nas diferenças sexuais é cometer uma injustiça.

Nas palavras do professor Pedro-Juan Viladrich, "é indispensável entender com toda a clareza o sentido exato da distinção dos sexos. Tal distinção — convém insistir na ideia — é natural e primária. Vemos, porém, que não corresponde radicalmente ao constitutivo substancial que chamamos pessoa humana, mas somente a uma dimensão da pessoa, que é a sua dimensão sexual.

"Vou explicar-me. O que está em primeiro lugar é a pessoa humana e em segundo — ordem lógica — a sua dimensão sexual. Nunca o contrário, como se primeiro se fosse homem ou mulher e depois cada sexo se personificasse de modo diverso. Isso levar-nos-ia ao contrassenso de pensar que existem duas classes substanciais de 'pessoas humanas', a pessoa masculina e a pessoa feminina. É justamente o contrário. Não há senão uma única e idêntica condição essencial de pessoa, a pessoa *humana*, tão predicável do homem como da mulher, porque o *substrato pessoal*, aquele plano em que se é 'pessoa', é mais radical que a dualidade de sexos [...].

"Daqui se deduz que, no *plano pessoal*, homem e mulher são *igualmente pessoas*, igualmente dignos e possuidores, enquanto pessoas, de idênticos direitos e deveres. Uma coisa é o plano substancial de 'pessoa' e outra o da dimensão sexual. Neste último, homem e mulher não são, respectiva e reciprocamente, nem superior nem inferior; simplesmente são *diferentes*".[8]

É necessário, pois, considerar a igualdade na diversidade. Igualdade de direitos, sem dúvida, dada a dignidade da pessoa, seja homem ou mulher, porém *diversidade no modo de exercer* esses direitos.

## Viva a diferença!

No dia a dia, ouvimos muitas vezes comentários que põem em destaque certas características identificáveis no homem e outras na mulher. De modo geral, a mulher é intuitiva, o homem prima pela razão. Por isso, pode ser humilhante para o homem que a mulher chegue a conclusões de um só golpe, enquanto ele vai examinando passo a passo todas as premissas da questão; e pode ser decepcionante para a mulher perceber que agiu impulsivamente quando deveria ter aguardado o desenrolar dos acontecimentos.

O homem, quando assiste ao telejornal ou a um filme, não admite ser interrompido; tem todos os sentidos concentrados na atividade em que está ocupado. Já a mulher realiza várias tarefas ao mesmo tempo: assiste a televisão, faz tricô e vigia o leite que ficou no fogo. Se o homem se desconcerta com a versatilidade da mulher, a mulher não entende a intocabilidade dos afazeres masculinos.

Certa vez, ouvi alguém dizer que a mulher, ao falar da sua intimidade, é como um saco de farinha que se esvazia: sempre fica algo que vai saindo, aos poucos, à medida que se sacode o pano. Já o homem é como um saco de batatas, que se esvazia de uma vez. Porque, realmente, a mulher levanta o véu do seu íntimo com muito custo, vencendo um forte pudor que lhe é natural. Por isso, muitas vezes, o homem não compreende a mulher no seu profundo silêncio...

Serão essas diferenças capazes de criar um conflito entre os sexos? É evidente que não, pelo menos enquanto as pessoas conservarem uma fração de bom senso. Com uma certa dose de bom-humor, Rachel de Queiroz comentava: "Sempre achei que a gente tem que agir em conjunto, como Deus nos botou no mundo, aos pares. Isso, explico, numa relação ideal, que pressupõe muitos ajustes delicados. Porque, se nós somos capazes de realizar quase todos os ofícios privativos do homem, há alguns deles, no entanto, que pela nossa própria natureza são incompatíveis com o nosso ser feminino [...]. Gravidez, parto, aleitamento etc. têm obrigatoriamente que ser levados em conta e descontados na avaliação das tarefas respectivas que cabem ao homem e à mulher. Sem favores, só justiça. E outro fator que devemos sempre ter presente é que, por capaz que seja uma inteligência feminina, chegando a todas as culminâncias, ela é sempre uma inteligência de mulher. Diferente da do homem, pela sua própria natureza. Em resumo: pretendo dizer que a nossa posição junto ao homem tem necessariamente que ser paralela e não conflitante".[9]

## Desigualdade ou complementaridade?

"O homem e a mulher são feitos '*um para o outro*'", diz-nos o Catecismo (o grifo é meu). "Não é que Deus os tenha feito apenas 'metade' e 'incompletos': criou-os para uma comunhão de pessoas, na qual cada um dos dois pode ser 'ajuda' para o outro, por serem ao mesmo tempo iguais enquanto pessoas ('osso dos meus ossos...') e complementares enquanto masculino e feminino. No matrimônio, Deus os une de maneira que, formando *uma só carne* (Gn 2, 24), possam transmitir a vida humana: *Sede fecundos, multiplicai-vos, enchei a terra* (Gn 1, 28). Ao transmitirem aos seus descendentes a vida humana, o homem e a mulher, como esposos e pais, cooperam de uma forma única na obra do Criador" (n. 372).

É na vida conjugal, que é por excelência vida de um para o outro, que as arestas próprias dos diversos temperamentos podem aparar-se com maturidade. Embora cada um conserve as suas peculiaridades, passa a usá-las em favor do outro na mesma medida em que aprende a compreendê-lo. E, com isso, o amor só tem a ganhar em profundidade, pois é fruto de uma doação *mútua*. No convívio profissional ou social, a diversidade sempre será enriquecedora, porque é ela que torna possível a *complementaridade*.

O exercício dessa complementaridade nem sempre é fácil: exige uma disposição permanente de entrega, de renúncia ao modo pessoal de ser e de compreensão e aceitação do modo de ser do outro. Mas, paradoxalmente, é precisamente essa renúncia a fonte de todas as alegrias conjugais e pessoais. Como diz a poetisa:

*Há mulheres que dizem:*
*Meu marido, se quiser pescar, pesque,*

*mas que limpe os peixes.*
*Eu não. A qualquer hora da noite*
*me levanto,*
*ajudo a escamar, abrir, retalhar e salgar.*
*É tão bom, só a gente sozinhos na cozinha,*
*de vez em quando os cotovelos*
*se esbarram,*
*ele fala coisas como "este foi difícil",*
*"prateou no ar dando rabanadas"*
*e faz o gesto com a mão.*
*O silêncio de quando nos vimos*
*a primeira vez*
*atravessa a cozinha como um rio*
*profundo.*
*Por fim, os peixes na travessa,*
*vamos dormir.*
*Coisas prateadas espocam:*
*somos noivo e noiva.*[10]

Complementaridade, portanto, na grande tarefa comum do homem e da mulher, que é a construção da família; mas complementaridade também em todas as outras tarefas que os homens têm de desempenhar em comum. A humanidade só tem a ganhar.

## Existe, afinal, um conflito entre os sexos?

Mas a doutrina cristã sobre o homem e a mulher não nos mostra apenas tons róseos; conhece também os lados escuros. Ao *Sede fecundos e multiplicai-vos, povoai a terra e submetei-a* (Gn 1, 28), que confiava o domínio da terra ao gênero humano, sucedeu-se o trágico aviso: *Sentir-te-ás atraída para o teu marido, e ele te dominará* (Gn 3, 16), sentença que a partir do pecado original passa a ameaçar o convívio entre o homem e a mulher.

"Esta afirmação do Gênesis — comenta João Paulo II — tem um alcance grande e significativo. Implica uma referência à relação recíproca entre o homem e a mulher *no matrimônio*. Trata-se do desejo nascido no clima do amor esponsal, que faz com que 'o dom sincero de si mesmo' da parte da mulher encontre resposta e complemento da parte do marido. Somente apoiados neste princípio podem os dois, e em particular a mulher, 'encontrar-se' como verdadeira 'unidade dos dois' segundo a dignidade da pessoa. A união matrimonial exige o respeito e o aperfeiçoamento da verdadeira subjetividade pessoal dos dois. *A mulher não pode tornar-se 'objeto' de 'domínio' e de 'posse' do homem*. Mas as palavras do texto bíblico referem-se também diretamente ao pecado original e às suas consequências duradouras no homem e na mulher. Onerados pela pecaminosidade hereditária, carregam em si a constante *'causa do pecado'*, ou seja, a tendência a ferir a ordem moral, que corresponde à própria natureza racional e à dignidade do ser humano como pessoa".[11]

Depois do pecado original existe, pois, uma tendência latente por parte do homem a dominar, a subjugar a mulher, a utilizar-se dela como um objeto. Se é exagero enxergar esse conflito em tudo e a propósito de tudo, é inegável que as suas sementes estão aí, e continuam a lançar em todas as épocas os seus brotos venenosos.

Com o propósito de obter para si o máximo, cada um e cada uma mergulha na vida em comum para fazer a sua própria felicidade. Espera do outro o que ele jamais lhe poderá dar, simplesmente porque é um ser humano, com as suas naturais limitações e carências. Há, sem dúvida, no coração humano, uma grande expectativa de felicidade, que, no entanto, não se preenche com o que obtemos dos outros mas, justamente, com o que nos esforçamos por dar-lhes. Numa época tão avessa aos sacrifícios, encarados como fonte de infelicidade, já se vê que rumos de amargura esperam uns e outras.

Particularmente no campo da atividade sexual, dadas as características do prazer que oferece, pode-se chegar a distorções tanto mais nocivas quanto maior é a possibilidade de que a sua finalidade se desvirtue. A busca da felicidade de que falávamos torna-se então uma porta aberta ao mais torpe objetivo: o prazer pelo prazer, seja da forma que for, encontre-se onde se encontrar. Não faltam publicações, que às vezes até se pretendem de caráter científico, que incentivam e instruem homem e mulher na busca de prazeres "inolvidáveis". Criou-se um verdadeiro mito em torno da satisfação sexual, aliada às glutonarias, ou seja, aos prazeres do ventre, e, uma vez esgotadas, ao álcool, às drogas...

Na vida conjugal, o ápice ocorre com o desprezo pela prole em favor de uma vida sem os embaraços de uma nova gravidez e os encargos de um novo filho. Chega-se a atentar contra a vida incipiente, que brotou por um descuido. Ou se, num assomo de generosidade, se acolhe mais esse filho, será sem dúvida o último, e recorre-se à esterilização para cortar pela raiz com essa fonte de dissabores.

E na vida profissional, o relacionamento degenera e avilta-se, a ponto de o ambiente se tornar propício aos assédios sexuais de uns e de outras, aos adultérios e às aventuras... Mais do que um conflito entre os sexos, o que existe muitas vezes é uma *cumplicidade na corrupção*. E, nessa cumplicidade, é a mulher que sofre mais violentamente as consequências, pelas características próprias do seu ser-mulher.

O conflito, se o há, surge justamente do egoísmo de se buscar a felicidade própria acima de tudo. E daí o paradoxo de se encontrar a frustração e a infelicidade precisamente onde se buscava a felicidade...

# CAMINHOS TORTUOSOS: A MULHER À DERIVA

Como vimos, o movimento feminista teve o seu lado bom ao pôr a descoberto que também cabia à mulher a responsabilidade pelo progresso da sociedade e pelo bem comum. Mas, ao invés de alicerçar na família a transformação que ambicionava, o feminismo passou a repudiar a vida de família como valor maior e perdeu, em consequência, o seu mais expressivo campo de ação.

Provocou assim um conflito em torno de questões que envolviam sobretudo atitudes e comportamentos de superfície, sem reclamar do homem as mudanças essenciais em aspectos que na realidade o denegram: a infidelidade matrimonial, a exclusividade na administração das finanças domésticas, a falta de participação na educação dos filhos, abandonados inteiramente aos ombros maternos. Ao contrário, a mulher passou a denegrir-se também, a querer nivelar-se por baixo, julgando-se no "direito de ser infiel", buscando uma falsa independência não só econômica, negando-se filhos ou negando-se aos filhos!

É curioso notar que as conquistas feministas de ordem sociopolítica só se deram depois de séculos, ao passo que as mudanças de ordem ética e moral se impuseram em poucas décadas. Não foram mudanças fincadas nos valores éticos, portanto, de acordo com a razão e as tendências naturais mais profundas da mulher; antes resultaram da armação de anti-valores que a levaram a despir-se e a recusar a maternidade até ao extremo de reivindicar o "direito ao aborto".

Poderá dizer-se que se tratava de fortes aspirações íntimas da mulher e que por isso se difundiram com tanta força. A vista das consequências dessas "novas propostas" de vida, parece-me antes que seria mais exato dizer que houve aí uma terrível manipulação e que esse feminismo insano foi invenção de certos homens.

Reconheço que estou fazendo um trocadilho. Explico-me: aqueles mesmos homens que se julgavam no direito de dominar a mulher e subjugá-la, encontraram no feminismo um meio de continuar esse domínio, utilizando-se do velho artifício de iludir as mulheres com coqueterias. Quando as mulheres estão convencidas de que se impõem pelas formas, os homens cingem-nas e as levam para onde eles querem...

## *A nova expoliação masculina*

Reconhece-o o jornalista Paulo Francis, certamente isento de qualquer laivo "moralista", numa passagem expressiva pela sua crueza: "Há mulheres que não se conhecem, a não ser de vista, e de quem se admira a classe, o chique, a educação, ou o alinho, de alinhada. É difícil na vida pública brasileira. Vem ela, linda e cheia de graça; por um tempo se consegue manter assim. Mas há uma autêntica fraternidade masculina, ou coisa parecida [...], que quer aviltá-la a todo o custo e não sossega enquanto não consegue.

"Sei que esta nota está misteriosa, mas penso numa mulher de trinta e lá vai fumaça, bela e classuda. O outro dia, vi uma foto sua, reduzida, convertida ao horror da perua. Devem ter-lhe dito que estava 'contestando a burguesia' e a pobrezinha acreditou. Noutro nível, Sônia Braga, que a *Globo* descobriu ser o tipo empregadinha com que todo brasileiro de família teve a sua primeira aventura, ou sonhou ter, brilhou em novelas, sugestivas, mas contidas. Quando a corajosa Sônia foi tentar cinema, os diretores a conspurcaram fazendo com que assumisse papéis em que uma profissional do cais do porto hesitaria em ser fotografada. Certamente usaram o mesmo papo-furado de que Sônia estava contestando os convencionais, quando, na verdade, é a compulsão desses senhores em humilhar a mulher, seu 'meu bem' e 'meu amorzinho', que esconde a mais profunda misoginia, ou coisa pior".[12]

Infelizmente, essa nova expoliação masculina tem cúmplices vigorosos entre as próprias mulheres. Assim o lamenta Winona Ryder, estrela do filme *Adoráveis mulheres* que, sem violência nem sexo, foi um grande sucesso de bilheteria: "As mulheres estão precisando mais ainda do apoio das outras mulheres. Estamos ganhando terreno na profissão, mas há muitas mulheres no cinema em posições poderosíssimas e ainda assim fazendo filmes antimulher a-bo-mi-ná-veis. Certas atrizes são tão poderosas que o estúdio se curva diante do que elas exigem, e aparecem em filmes degradantes que humilham a mulher. Se eu tivesse tanto poder, meu Deus, eu mudaria o mundo inteiro, faria apenas filmes importantes, bonitos, inspiradores, que mostrassem homens e mulheres como indivíduos interessantes e atraentes. Esse comportamento não é coisa só de estúdios. Descobri que a supereditora da MTV é uma mulher, e permite tantos programas que nos humilham. Fiquei chocada".[13]

## O sexo como "pão e circo"

Se o Império romano instituiu o "pão e circo" como meio de manter o domínio e manipular o povo, estes nossos tempos neopaganizados fizeram do sexo o seu instrumento de alienação. E se, como dizíamos no início, o corpo feminino é o acicate da sensualidade, a mulher foi colocada no centro do hedonismo, como instrumento de manipulação. Tanto é assim que não é comum ouvirmos considerações sobre a distinção entre o homem e a mulher nos seus aspectos psíquicos e emocionais, mas apenas considerações de ordem fisiológica, principalmente referidas ao sexo enquanto instrumento de prazer.

Desde a década de 1960, pleiteou-se para a mulher a mesma "liberdade" sexual que os homens mais sem-vergonhas julgavam legítima para si. Na mentalidade distorcida de certos "machos" — muitas vezes chegando às raias da neurose —, a virilidade está associada ao exibicionismo físico e à certeza da própria potência sexual; como essas pessoas duvidam cronicamente da sua masculinidade, têm de provar a si mesmas, uma e outra vez e com o maior número possível de "parceiras", que efetivamente "são capazes". A "liberdade sexual" masculina, portanto, é e sempre foi sintoma de imaturidade afetiva egoísta e de uma fraqueza de caráter imprópria do "sexo forte"...

Socialmente, o que sempre evitou que as mulheres que sofriam desse mesmo tipo de egoísmo tivessem essa nefasta "liberdade" foi o risco de engravidar. Com o advento e o aperfeiçoamento dos métodos anticoncepcionais, o caráter reprodutivo da relação sexual ficou relativamente sob controle e essas mulheres passaram a ter a possibilidade de manter relações extraconjugais sem filhos bastardos.

E o pior é que semelhante mentalidade chegou a parecer "razoável" a alguns e algumas, como se o sexo realmente se reduzisse apenas aos seus aspectos fisiológicos mais superficiais, como se no físico não interviesse o psíquico, o emocional, e vice-versa. Assim perderam a sensibilidade e deixaram-se entorpecer pelo primitivismo dos seus instintos mais elementares, negando até a função primordial do instinto sexual, que se destina à conservação da espécie. Pretendeu-se que houvesse "naturalidade" nas relações e ao mesmo tempo negaram-se, reprimiram-se, exorcizaram-se as suas *consequências naturais*...

Perdeu-se de vista, assim, a perenidade do amor, substituída pela superficialidade e futilidade dos "casos" passageiros, do mero contato animal entre duas epidermes, como dizia Voltaire; a mulher passou a desprezar as suas grandes possibilidades de vivenciar e se vivenciar na fronteira do total, do exclusivo, do definitivo, para se perder nas desilusões do banal e do medíocre. Ora, a sua grande sensibilidade e capacidade de amar frustram-se no contexto do passageiro: o que fazer com o sentimento de "só para ti, com todas as minhas forças e para sempre", tão latente na afetividade feminina?

Desorientação, ansiedade, desânimo e tédio são a herança dessa nova visão da vida, onde a mulher é utilizada como carnaval e futebol, para que a "galera" esqueça a falta de pão.

*O pão e o amor*

"O homem não vive só de pão, nem o pão é o essencial. Vive mais de amor do que de pão, porque o pão não dá o amor, ao passo que o amor dá o pão; e quando o trigo não é cultivado no amor, quando o pão não é cozido nem distribuído no amor, os homens acabam por não tê-lo, como se vê no mundo de hoje; porque o que falta ao mundo não é o pão: há mais do que os homens podem comer; o que falta é o amor".[14]

Estas palavras do conhecido sociólogo belga Jacques Leclercq, publicadas na década de 1950, nada perderam da sua atualidade, e os nossos tempos só lhes terão, quem sabe, acrescentado ainda mais peso: a maciça e universal campanha contra a natalidade nos países em desenvolvimento fez cair o número de nascimentos de modo assustador e, no entanto, esses povos, como é o caso do povo brasileiro, continuam na miséria. A atual primeira-dama, a antropóloga e professora Ruth Cardoso, declarava recentemente no programa *Opinião*

*Nacional* da TV Cultura de São Paulo que o problema da miséria tem implicações mais profundas do que a questão da natalidade.

Mais do que esgrimir as habituais estatísticas, interessa-me aqui assinalar que essa campanha antinatalista, já profundamente incrustada na mentalidade popular, constitui uma segunda fonte de agressão e rebaixamento cuja principal vítima é a mulher. De modo cruel e absolutamente insensato, culpam-se hoje os pais de muitos filhos — três já é muito! — pela fome que assola o mundo. Uma jovem amiga minha, de condição financeira muito boa, esperava o quinto filho; certo dia, no corredor de um dos colégios mais tradicionais de São Paulo, onde fora buscar os filhos menores, foi abordada por uma médica, também mãe de aluno, com quem nunca conversara: — "Você só sabe fazer isso?", perguntou-lhe a outra em tom hostil.

A minha amiga, que não tem os filhos por descuido, mas por amor, ficou desconcertada com a agressão. Não tinha caído na conta de que estava infringindo uma regra imposta, num verdadeiro terrorismo cultural, pelas novas patrulhas ideológicas do politicamente correto: "É preciso saber fazer sexo sem fazer filhos". Felizmente, passado o impacto, pôde dar de ombros à agressora.

Penso ser mais triste o caso de outra senhora, também minha conhecida. Num pronto-socorro municipal, um senhor chegou, aflito, trazendo a filha criança que sofrerá um desmaio. O homem não soube explicar o que tinha acontecido; estava confuso e parecia não entender o que lhe perguntavam. A médica, impaciente, foi impiedosa: disse-lhe que certamente tinha outros filhos em casa e que por isso a mãe não viera; e completou, gritando histericamente para que todos os que se encontravam por ali a ouvissem e guardassem bem, que "esse pessoal só sabia fazer filhos e depois não sabia cuidar deles". E o pobre pai teve de ficar quieto, apesar de ter feito a parte que lhe cabia: não é ao pronto-socorro que se levam os filhos que adoecem?

Mas o mais grave, nesse caso, foi que essa senhora minha conhecida se mostrava muito satisfeita com a despudorada atitude da médica! Afinal, se ela se esterilizara no segundo filho, os outros deveriam ter a "esperteza" de também fazê-lo, justamente para poderem "fazer sexo sem fazer filhos". Pior ainda, referia-se àquele pai com tanto desprezo e desaprovação que não pude deixar de pensar: "A mutilação que essa gente faz com a laqueadura vai muito além das trompas; corta drasticamente o elo com o amor infinito. É muito diferente de quando se renuncia à vida conjugal ou se vive a abstinência temporária, porque nesses casos a potência, a possibilidade de gerar fica preservada. Quem seca assim, intencionalmente, as fontes da vida, como poderá manter, em relação aos filhos já nascidos e mesmo em relação a toda a humanidade, um sentimento de doação? Como poderá realizar essa entrega incondicional pela vida — que é a própria essência da maternidade — a partir do momento em que fechou o coração para os filhos?"

Recentemente, uma deputada federal que defende para este país um programa de controle da natalidade patrocinado pelo Estado, argumentava nesse sentido num artigo de jornal. Começava lamentando o caso de uma senhora que, desde que tinha cinco filhos, tentava juntar dinheiro para fazer uma cirurgia de esterilização, e agora já estava no nono filho sem ter conseguido reunir a quantia necessária. Pobres desses nove filhos — e especialmente dos últimos quatro! —, que têm de conviver com a certeza de que não teriam nascido se a mãe tivesse tido mais recursos! Por mais fértil que seja, será que uma mulher dessas pode ainda ser chamada "mãe"?

A mesma articulista pleiteava em outro artigo o direito de as mulheres terem acesso garantido a gabinetes com banheiros privativos, em virtude das dificuldades do período menstrual. Convenhamos: haverá alguém neste mundo que se preocupe com a menstruação das mulheres, com os seus incômodos, se muitas delas vêm arrastando para a lama a maternidade e os filhos?

*Um exército de neuróticas*

Amar os filhos, ser mãe, é, como vimos, o que há de mais profundo no ser feminino. Por isso, a simples noção de "gravidez indesejada" corrompe a mulher no mais íntimo do seu ser. E nem falemos no caso do aborto. Eliminar um filho concebido é uma atitude tão hedionda que só se pode explicar por descalabros sentimentais, por uma insegurança doentia, por infidelidade crônica ou por um egoísmo visceral.

O argumento que tantas vezes se esgrime — o de que a mulher deve ser "dona do seu próprio corpo" — evidentemente não se aplica ao caso, porque qualquer mulher, por mais iletrada que seja, *sente e sabe* que a criança que traz no seu seio não é um simples apêndice, mas constitui um *novo ser*, com o seu próprio corpo, com a sua própria vida. Por isso, tem todo o direito a essa vida, às vezes *apesar* dos pais que a conceberam. Se tiver sido gerada por um ato de violência, então, mais do que nunca, será preciso ampará-la como vítima e amá-la como companheira de infortúnio.

O amparo legal concedido ao aborto na gravidez ocorrida em atos de estupro faz-me lembrar a fábula do *lobo e o cordeiro*: "Se não foi você, foi seu pai" — essa é a justificativa que o lobo dá para devorar o cordeiro.

Nunca haverá tecnologia suficiente para conferir dignidade aos envolvidos num aborto, seja qual for a justificativa empregada. A mulher que provoca um aborto — que, diga-se de passagem, é um ato que sangra, e sangra muito — cava dentro de si mesma um profundo abismo. Não se deve iludir: se às vezes carregar um novo filho no corpo pode ser difícil, carregar um aborto na consciência é deprimente, insuportável, mesmo que a lei o permita.

E a questão não se resolve também com eufemismos como "redução da gravidez". Por trás de todo o aborto, está uma mãe que assassina o seu filho. Pode ser que o faça forçada pelas circunstâncias ou até pelos familiares, e muitas vezes por ignorância, mas nada disto é capaz de alterar a essência deste ato.

A dra. Maria Simon, psicóloga na Clínica Ginecológica Universitária de Würzburg (Alemanha), realizou um estudo das consequências psíquicas do aborto e publicou os resultados na *Deutsche Tagespost*.[15] Pôde concluir que o aborto não só aniquila a vida humana não-nascida, mas também a da mãe, arruinando a psique da mulher. Em consequência do grande número de abortos praticados, está surgindo um exército de mulheres com graves neuroses: sentimentos de remorso e de culpa, oscilações de ânimo e depressão, pranto sem motivo, estados de medo e pesadelos, além de perturbações físicas, como alterações do ritmo cardíaco ou da pressão arterial, enxaquecas incuráveis, problemas digestivos ou eólicas no ventre. A envergadura da ruína anímica que sobrevém após um aborto é muito maior do que se supunha até agora.[16]

## A "escolha de Sofia"

Recentemente, em setembro de 1994, na Conferência sobre População e Desenvolvimento realizada no Cairo, proclamavam-se os "direitos reprodutivos" da mulher. Lembrei-me, na ocasião, das palavras de Gertrud Von Le Fort na década de 1960: "Jacta-se a nossa época de haver redescoberto a maternidade para fazer dela o único fundamento de um *direito da mulher*. Deve ela compreender que tal descoberta lhe impõe um *dever* novo e bem grave: o de se inclinar sobre as mães e aprender delas o que é a essência da maternidade. Pois reclamar a maternidade com tamanha energia corresponde logo a confessar que a maternidade não é mais para a mulher, como outrora, uma coisa lógica. Corresponde a confessar ao mesmo tempo que é possível compreender mal a essência materna".[17]

Penso que não é apenas a essência materna que se compreende mal, mas também a noção de direito, neste caso do "direito reprodutivo". Ninguém esclarece o que vem a ser isso. Na verdade, utiliza-se a expressão como se significasse o *direito à não-reprodução*: toda a mobilização se faz em função de que a mulher tenha menos filhos, instruindo-a a respeito dos métodos de controle da natalidade. Em nenhum momento se ouve falar de auxílio médico àquela que *quer ter filhos*; não vejo nenhuma estatística sobre o número de crianças pobres que morrem durante os trabalhos de parto, simplesmente por não se ter providenciado a necessária cesariana, uma cirurgia que no entanto é aplicada com frequência apenas para providenciar a esterilização da mãe.

Deveria ser evidente que as mulheres têm todo o direito de ser amparadas para terem os seus filhos e criá-los com dignidade, não para matá-los!

Mas, pensando bem, a Conferência do Cairo muniu a mulher de um instrumento valiosíssimo. Deter o direito reprodutivo significa que os Estados não podem intervir na vida da mulher para lhe dizer que não deve ter filhos! Significa que a mulher tem o direito de exigir condições para ter os seus filhos e criá-los bem.

Não se pode aceitar a redução do conceito de direito reprodutivo, como não se pode admitir a *manipulação das ânsias de maternidade* que ocorre nos atuais procedimentos de *fecundação artificial*. Ainda será mãe aquela que se sujeitou a ser uma mera "doadora de óvulos" a serem fecundados "numa proveta", num tubo de ensaio? (Não falemos das que cedem óvulos para experiências "científicas", cujos requintes macabros só tiveram paralelo nas experiências "médicas" levadas a cabo nos campos de concentração nazistas!) E aquelas que têm vários óvulos implantados no útero e depois abortados, como se costuma fazer nesses procedimentos para garantir o sucesso de pelo menos um filho?

Contaram-me recentemente o caso de uma jovem que se submeteu a um processo de fecundação artificial. Vingaram três embriões e ela queria prosseguir com os três. Mas não lhe foi permitida tal façanha, pois os envolvidos temiam pela vida dela: se morresse, isso certamente acarretaria um escândalo. Hoje, mãe de duas crianças, essa jovem chora o filho que lhe implantaram e, posteriormente, obrigaram a abortar.

A ciência e a tecnologia da fecundação artificial realmente colocam a mulher que recorre a eles diante da "escolha de Sofia".

Lembram-se do filme de Alan J. Pakula? Sofia, uma polonesa vivida por Meryl Streep, é obrigada por um oficial nazista a escolher qual dos seus filhos sobreviverá. Fica com o menino e vê a menina, que grita desesperadamente, ser levada para nunca mais voltar... Jamais se livrará desse pesadelo!

# O FEMINISMO DESEJÁVEL

*O poder de resistência*

Mas nem todas as mulheres se deixam arrastar por esse estado de coisas, mesmo quando já vitimadas pelo comportamento dos pais ou namorados. Assim o revela este depoimento de uma jovem mãe solteira, extraído das páginas de um jornal:

"Não quero dizer que ache maravilhosa a condição de ser uma mãe solteira; ainda acho que o melhor para as pessoas é casar-se e constituir uma família. Mas depois que se descobre que se vai ser mãe nessas condições, o mais correto é deixar de lado tudo o que se pensava e assumir o filho de corpo e alma. Eu engravidei aos dezessete anos; eu era fruto de um casamento acabado, filha de pais separados e vivia, na época, mil problemas familiares; mas o meu coração de mãe não deixou que eu abortasse a minha filha. Depois de dez anos, não acho que teria sido mais feliz se tivesse feito isso.

"Apesar das dificuldades que passei para criar a minha filha, hoje tenho a certeza de que, felicidade *mesmo*, só conheci ao lado dela, que me aceitou como eu era e ainda me ajudou a crescer, que me mostrou que há mil formas de amor e que dedicar-se a alguém que realmente precisa da gente também é uma forma de amar. E ainda nos faz sentir que somos importantes.

"Hoje sou auxiliar de escritório de uma revendedora Ford; não sou formada em nenhum curso superior, ganho pouco, mas sinto-me importante. Vou à luta, trabalho duro todos os dias por alguém que realmente precisa e confia em mim. As dificuldades que já enfrentei a seu lado ensinaram-me a amar e a valorizar muito essa pessoa: a minha filha de dez anos, que eu tanto amo e que tanto me ama".[18]

No dizer do psiquiatra Viktor Frankl, há no homem (e na mulher, também!) aquilo que ele denomina "poder de resistência do espírito": a tenaz capacidade de reagir, de voltar a erguer-se e de reempreender o esforço por comportar-se à altura da dignidade humana, por mais violentado que esteja o próprio ser. Como a flor que desabrocha no pântano, fica sempre, no íntimo daqueles que frustram a sua própria natureza, uma inquietação, uma amargura que pode tornar-se a rocha de apoio para a reconversão aos verdadeiros valores e a reconstrução da personalidade.

Cada uma e cada um, por uma inclinação natural, quer sentir valorizada a sua pessoa como um todo, ser objeto de amor, e não apenas servir de objeto de uso para o outro, nem sequer na malícia de um olhar perscrutador. Se é verdade que a sexualidade feminina e a masculina procuram complementar-se, é preciso ter presente que o valor da pessoa diz respeito ao seu *ser total*.

A sexualidade é apenas *uma* propriedade do ser, embora informe e caracterize substancialmente o modo masculino e feminino de ser. Em outras palavras, homem e mulher imprimem a sua sexualidade em tudo o que fazem, mas jamais são um corpo orientado somente para o sexo. Não há nada mais frustrante que perceber que se é apenas um objeto de prazer. Se o convívio se desenvolve em tais condições, a família não terá raízes para suportar as contrariedades do dia a dia, porque o impulso orientado unicamente para o corpo não é amor, é apenas, nitidamente, um desejo de uso. O amor supera os obstáculos; já o utilitarismo apenas troca por outro o objeto que não mais lhe serve.

Penso ser desnecessário esclarecer que falamos de amor no seu sentido pleno. Não se trata de um eufemismo ou disfarce para a palavra sexo, como se faz com frequência quando se empregam as expressões "fazer amor", "amor livre" e similares. Ao pensar na confusão que se vai apoderando da linguagem, vem-me à memória o comentário de um autor: "Fala-se até de 'amor livre', duas belíssimas palavras — amor e liberdade — que parecem ter nascido para se unir, para ser fecundas, para significar um valor altíssimo, e que no entanto são usadas para exprimir algo tão velho e prosaico como a fornicação, esse encontro impessoal sem compromisso, sem outra finalidade que não a satisfação de um instinto cego".[19]

O verdadeiro amor, aquele por que todos anseiam, é dom de si mesmo e não uma busca desenfreada de prazer. Em razão dessa reação natural, dessa busca de um ideal maior, sem o qual o homem não consegue subsistir, já se delineia entre os jovens uma revalorização da virgindade. E não se trata apenas da virgindade feminina! Os rapazes também estão saindo fortalecidos, revigorados, cheios de dignidade. Até a luta contra o fantasma da AIDS — apesar da ignominiosa campanha de mentiras em torno dos métodos de prevenção dessa doença — tem colaborado para a redescoberta do papel da pureza na constituição de um relacionamento fiel, profundo, autêntico. E a pureza vivida no namoro reforça os anseios de fidelidade na vida matrimonial.

## *A mulher e a realização profissional*

Já vimos que, com o intuito de ridicularizar quem se ocupa dos trabalhos domésticos, há quem se refira a eles como se a barriga os comandasse. E a dona de casa que se deixa envolver por essa mentalidade é infeliz, sonhando com tarefas quiçá mais elegantes.

Ora, bem vistas as coisas, o fogão, o tanque e todas as tarefas domésticas, para serem levadas a cabo com competência, requerem *tarimba profissional*. Em outras palavras, não se pode "empurrá-las com a barriga". Cuidar dos filhos é um trabalho primoroso: todos os cidadãos (homens e mulheres!) que vão habitar o mundo nas próximas décadas estão, hoje, sob os cuidados especiais de suas mães. Por isso, as mulheres e mães verdadeiras precisam de muita cabeça para trabalhar bem. E, mais do que de cabeça, de coração, da consciência de que a vida do lar é feita de pequenas tarefas que precisam ser bem concluídas. Em geral, a presença da boa mãe até passa despercebida; mas, quando ela falta, tudo acaba por apodrecer!

Que alegria poder dizer com a poetisa:

*Exijo a sorte comum das mulheres*
*nos tanques,*
*das que jamais verão o seu nome impresso*
*e no entanto*
*sustentam os pilares do mundo...*[20]

Por outro lado, convém perguntarmo-nos também de que adianta à mulher assumir profissões tradicionalmente masculinas. Que lucra a mulher com ser borracheira ou motorista de caminhão, gerente de banco ou empresária, se desse modo se subtrai ao que só ela pode fazer na vida do lar?

Claro está que é preconceituoso remunerar homem e mulher diferentemente quando ocupam o mesmo cargo. Mas o que questionamos é o brilho de certas funções como pretexto para valorizar a mulher. Será que ela precisa disso para se firmar como capaz? Não estaremos dando à aparência (à barriga!) um valor maior do que à essência?

Não resta dúvida de que a presença feminina no mundo do trabalho enriquece com novos matizes as relações profissionais e humanas, mas o essencial mesmo é a competência profissional, que não olha a sexos. Também não resta dúvida de que, por vezes, a mulher precisa ser motorista de caminhão para sobreviver, mas nesses casos eu sinto compaixão. Vendo-a expor-se à solidão das estradas, ao calor de esturricar, ao medo de que o veículo sofra uma pane mecânica e a deixe à mercê de qualquer gavião..., penso que, infelizmente, deve ser por necessidade, mas penso também que um feminismo decente precisaria defendê-la desse ultraje à sua sensibilidade.

Uma certa vertigem da novidade tem-nos feito, muitas vezes, perder o senso crítico — ou simplesmente o bom-senso — para julgar certas opções profissionais que não levam em conta os recursos da feminilidade, antes os desvirtuam ou violentam. Não adianta a mulher-barriga sair de casa para trabalhar por trabalhar; vai continuar encostando a barriga aqui e acolá. Ou a mulher se afirma como pessoa, e pessoa de valor, com personalidade própria, com as suas peculiaridades, ou não se afirmará nunca. E a base dessas peculiaridades é-lhe outorgada pela capacidade de doação, cuja fonte está — nunca é demais repeti-lo — nos atributos da maternidade.

É no seio de uma mulher que a vida de uma nova pessoa pode iniciar-se e nutrir-se durante longos nove meses e, por isso, tudo nela está disposto para acolher a riqueza da vida.*

---

\* Quando renuncia ao estado matrimonial abraçando a virgindade, ou quando por qualquer outro motivo não chega a casar-se, a mulher não perde essas potencialidades exclusivas. Antes, tem a oportunidade de desenvolvê-las, aplicando-as — muitas vezes elevadas a uma sublime potência —, em prol dos outros, especialmente dos que, por serem mais necessitados, pequenos ou doloridos, precisam mais de amor materno. Quem é mais "mãe" — mesmo que tenha dez filhos — do que a *Madre* Teresa de Calcutá, que deu vida, calor materno, amparo e o sopro do espírito cristão a milhares de filhas e filhos da sua virgindade consagrada, enamorada de Deus e dos homens? E o mesmo se pode dizer, guardadas as devidas proporções, dos casais que não podem ter filhos, quando sabem converter essa frustração em disponibilidade para o serviço ao próximo, às obras de misericórdia etc.

## *Um exemplo (cinematográfico!)*

Vale a pena ouvir a atriz Susan Sarandon — aos 45 anos, com quatro indicações para o Oscar e cinco filhos — responder à seguinte pergunta: "O que é mais difícil, ser boa atriz ou boa mãe?"

"Mãe, decididamente. Eu trabalho em cinema para me conceder um descanso mental e físico. Juro. Ser mãe é muito, muito mais difícil. Requer muito mais energia, imaginação e criatividade. Tenho ainda de lembrar-me de comprar papel higiênico e comida diferente da de ontem. 'O que tem para o jantar?', essa é a pergunta de todos os dias. Se eu puder acordar de manhã e saber o que fazer para o jantar, terei terminado uma tarefa monumental. Agora mesmo, essa pergunta já vem rodando na minha cabeça. São três horas da tarde e sei que não tenho o suficiente na cozinha para inventar uma refeição. Saio daqui às quatro, assisto a uma peça de teatro do meu filho menor e vou para casa, onde me esperam com a pergunta: 'O que tem para o jantar?'"

Depois, comentando o filme *Adoráveis mulheres*, no qual também atuou:

"Eu diria que esse filme encoraja a ter uma família e a jogar fora os aparelhos de TV, a passar mais tempo com os filhos e conversar com eles. Todos têm oportunidade de constituir uma boa família. É fundamental. Para mim, a família é o maior desafio de todos os tempos. É difícil, exige dedicação e entrega, mas vale a pena. O tipo de mãe que vemos nesse filme não existe mais. É o modelo de um papel em que as mulheres se sentiam satisfeitas, realizadas. Eu mesma gostaria de ser Marmee. Às vezes, sinto-me insuficiente. Marmee sentia-se completa".

Parece desconcertado o repórter, que lhe pergunta: "Você prefere ficar em casa com os filhos a filmar?"

"Mas é claro! Eles são muito mais interessantes do que todos os roteiros que leio ou os trabalhos que me oferecem."

E, por fim, respondendo à pergunta: "O que é a mãe perfeita hoje?"

"Ah, não sei. Acho que, conseguindo criar filhos amorosos, seguros, independentes, curiosos, com respeito pela dignidade do próximo — qualquer mãe ficaria realizada. Mas não sei como se faz isso. Tento. O fundamental é amá-los incondicionalmente. Depois, tentar definir alguns limites, estar em casa com eles o máximo possível, ouvi-los sempre. E continuar tentando. Faço isto, mas não sei se é perfeição; ainda estou aprendendo".[21]

## *A profissional do lar*

Já chamamos a atenção para a versatilidade feminina. É por isso que, quando casada e generosamente aberta aos filhos, a mulher se abre também para o mundo que a rodeia, primordialmente *através da vida dos seus filhos*. E depois, esbanjando experiência e sensatez, será apoio indispensável em muitos campos profissionais além do lar.

Se considerarmos que as mulheres que abraçam a maternidade são responsáveis diretas pela formação de todos os cidadãos e cidadãs que habitam o mundo, quem se atreverá a dizer que desempenham uma tarefa de pouca projeção social? Diremos antes que, por trás de um grande homem ou de uma grande mulher, há sempre uma grande mãe.

Mas é uma grandeza feita de inúmeras pequenas coisas, aparentemente sem transcendência, que povoam o dia e, com frequência, boa parte da noite; grandeza silenciosa que exige da mãe a disposição de se fazer alicerce, desaparecer. Como, aliás, a grandeza do filho ou da filha não consiste em assumir Ministérios, mas em ser uma pessoa magnânima, profissional competente, fiel às pequenas coisas, sempre importantes, mesmo quando se assumem Ministérios.

A mãe deve formar as virtudes dos seus filhos: quando sincera, pode ter filhos sinceros; quando generosa e alegre, pode tê-los generosos e alegres; quando forte nas contrariedades, fará deles batalhadores. O exemplo deve vir em primeiro lugar, porque os filhos, normalmente pouco dispostos a ouvir, veem tudo e exigem coerência. Talvez não seja tão importante que os pais nunca errem, mas que se mostrem abertos e lutem contra os próprios defeitos e saibam retificar. Aí também os filhos terão muito que aprender.

Já se vê que profundos conhecimentos de psicologia se requerem! Ainda que o bom senso e um temperamento otimista, avesso a climas de tragédia, ajudem, a mãe deve procurar informar-se em fontes seguras sobre os procedimentos adequados em situações delicadas. Também não falta literatura de boa qualidade.

De qualquer modo, é necessário lembrar que a presença da mãe é insubstituível, se bem que revezar com o pai seja uma possibilidade menos contundente do que apelar para terceiros. Não é raro encontrarmos crianças indomáveis, que quebram copos e se atiram ao chão quando são contrariadas, e comprova-se que um dos elementos mais frequentes na gênese desses pequenos tiranos é o remorso dos pais pela sua omissão: pelo pouco tempo que estão em casa, ou por terem pena de dizer não, ou por não terem paciência para ouvir os gritos dos contrariados.

É de justiça lembrar que, se o carinho que a mãe se esforça por esbanjar é tão rico e indispensável, nada é mais cativante para a mulher que ver o marido e os filhos empenharem-se em facilitar-lhe as tarefas, para depois poderem todos dispor de mais tempo de convívio. Aliás, o próprio tempo em que, juntos, realizam pequenas tarefas, é rico em conhecimento mútuo.

Esse clima de solidariedade contribui para recompensar a mulher da sobrecarga de atividades, estreita os laços de família e desfaz o clima egoísta dos lares-pensão, onde pai e filhos só aparecem para comer e dormir. E a mãe, muito longe de "padecer no paraíso", será uma personagem ativa, dinâmica, observadora, intuitiva, capaz de tratar desigualmente os filhos desiguais, cumprindo com a justiça.

Será que tudo isto não basta para uma pessoa se realizar, mesmo profissionalmente? E para tirar daí uma profunda alegria, uma alegria orgulhosamente mulheril?

*Minha mãe cozinhava exatamente:*
*arroz, feijão-roxinho, molho de batatinhas.*
*Mas cantava.*[22]

## A economia doméstica

O feminismo, no que teve de bom, convenceu o mundo, homens e mulheres, de que a mulher, no campo profissional, é capaz de tudo: pode desempenhar qualquer das ocupações tradicionalmente destinadas aos homens. Temos médicas, dentistas, engenheiras, arquitetas, advogadas, gerentes, empresárias, líderes sindicais, astronautas, ministras, chefes de governo, presidentes...

Sem dúvida a mulher passou a aparecer muito mais. Resta saber se isso não vem colaborando para distanciá-la das suas *específicas* possibilidades de realização. Porque, neste caso, haveria uma clara manipulação da sensibilidade feminina, isto é, um feroz reducionismo dirigido a limitar a mulher enquanto mulher. Isto leva-nos ao problema da economia do lar.

Nas últimas décadas, o dinheiro da mulher passou a ser importante no orçamento doméstico. Em alguns casos, tornou-se um auxílio indispensável para a sobrevivência da família; em outros, é um recurso extra, e, em outros ainda, uma sobeja fonte de renda.

Nos casos em que o lar depende financeiramente também da remuneração feminina, a mulher sofre uma forte pressão emocional que a deixa estressada e faz com que o sonho da maternidade se transforme em pesadelo. É uma grande responsabilidade do homem procurar por todos os meios que não se tenha de chegar a essa situação.

Sabe-se no entanto que, muitas vezes, apesar dos seus esforços, muitos homens são banidos do mercado de trabalho por motivo de idade — 35 anos já começa a preocupar! — ou vão à falência, vitimados por planos econômicos mal formulados, mal conduzidos, mal gerenciados enfim. É o momento de a esposa, a companheira de *todas as horas*, meter ombros à tarefa de ajudá-lo a conseguir meios econômicos para levar adiante a família, sem permitir que caia no desalento, sentindo-se humilhado. E há que ser muito mulher para desempenhar com desenvoltura esse papel!

Também é verdade que um certo capitalismo desvalorizou a mão de obra masculina. Há algumas décadas, a renda de um pai de família era suficiente para criar os filhos, ainda que modestamente, e construir um pequeno patrimônio: realizar o sonho da casa própria. Hoje essa aspiração tornou-se remota até com a ajuda da mulher que, mesmo sem nenhuma simpatia ideológica pelo feminismo, é obrigada a conciliar a vida doméstica com um trabalho dentro ou fora do lar.

Mas se uma mulher trabalha simplesmente para dispor de recursos extra que lhe permitam gastá-los em proveito próprio, e desse modo compromete na prática o cuidado amoroso do marido e dos filhos, isso pode ser sinal de que se deixou arrastar pela febre do consumismo ou de uma vaidade sem limites, ou de que não tem a menor consciência de que a vida matrimonial se funda numa comunhão plena de vida e de bens, numa solidariedade que não autoriza caprichos puramente pessoais ou vidas à parte. Em qualquer caso, não há dúvida de que essa mulher arrasta toda a família para a desunião e, a longo ou médio prazo, para a desagregação.

## Um feminismo audacioso

Um feminismo audacioso — depois das justas batalhas pela igualdade de direitos políticos, trabalhistas, sociais, numa palavra — é o que, nos dias que correm, garante à mulher o direito de ser ela própria, não o que a masculiniza no sentido baixo da palavra. É o que a estimula, a educa e lhe dá condições para o pleno exercício do que tem de específico, ou melhor, de único: a *maternidade*. Já vimos antes muitas das facetas em que se desdobra essa missão, mas não é inútil acrescentar mais alguma ou repetir alguma outra.

Como atitude que sintetiza e coroa tantas outras, encontramos uma que se pode exprimir por uma palavra-chave: a ternura. Vejamo-lo com palavras de quem viria a ser o Papa João Paulo II:

"A ternura é muito necessária no matrimônio, nessa vida comum, em que não só o 'corpo' necessita do 'corpo', mas sobretudo o ser humano necessita do outro ser humano. É aqui que a ternura tem uma função importante a cumprir. A ternura estreitamente unida ao genuíno amor da pessoa, desinteressado, será capaz de conduzir o amor através dos diversos perigos do egoísmo dos sentidos ou dos perigos da atitude de prazer. A ternura é a arte de sentir o homem todo, toda a sua pessoa, todas as vibrações da sua alma, até as mais profundas, pensando sempre no seu verdadeiro bem. [...]. Tanto na mulher como no homem, a ternura cria a convicção de que não estão sozinhos e de que a própria vida é partilhada pelo outro. Tal convicção ajuda enormemente e reforça a consciência da união".[23]

Esta é a reivindicação-base que o feminismo deve dirigir ao homem e à sociedade, com todas as implicações que a palavra supõe. Um feminismo audacioso, por exemplo, deve exigir muito mais do que o estabelecimento das Delegacias de Mulheres, que as defendam eficazmente da violência ou da discriminação. Deve exigir dos meios de comunicação um *papel educativo* (ou, talvez, reeducativo!) no sentido de substituir as debochadas cenas de sensualidade da televisão, dos cadernos ilustrados dos jornais e do cinema por momentos de genuína ternura. Que levem aos lares sementes de compreensão e amizade, e não pressões em torno do sexo e do egoísmo, disfarçados de amor. Que procurem dar às mais jovens um profundo sentimento do seu valor como pessoas, com todo o direito a um amor exclusivo, a um compromisso formal, que as defenda de aventuras inconsequentes e não as instrumentalize.

Um feminismo consciente deve lutar para que a mulher tenha todas as condições para *ter filhos e estar com os filhos*. Os filhos não podem ser o estigma que acompanha as menos instruídas, mas timbre de uma maternidade responsável que, precisamente por ser responsável, reconhece a grandeza do papel da mãe junto às crianças. Até que ponto o dinheiro investido em creches, em abrigos para menores desamparados ou infratores etc., não seria mais bem aproveitado financiando a permanência da mãe no lar?

Um feminismo genuinamente humano deveria ter a coragem de batalhar politicamente nesse sentido, e não fazer coro com as comadres pseudo-psicólogas e pseudo-sociólogas que elevam a voz e até se fazem eleger representantes do povo à custa da imbecilidade delas e deles: míopes em relação ao verdadeiro equilíbrio do ser humano, ao futuro da civilização e principalmente aos anseios profundos da alma humana, que não pode nem no fundo quer guiar-se por comportamentos animalescos.

Para lutar pela dignidade da mulher, é preciso ter presente que as relações injustas não ocorrem apenas no confronto entre os sexos, mas que tanto os homens como as mulheres podem ser dominadores, injustos e prepotentes com as pessoas do outro sexo ou do seu próprio sexo. O egoísmo, a ambição e o orgulho costumam estar na base de comportamentos traiçoeiros e rancorosos que perseguem ideais rasteiros, materialistas, preconizados por eles ou por elas. A questão merece, portanto, um tratamento amplificado, que leve a refletir global e essencialmente sobre os ideais do ser humano. Queremos referir-nos às raízes cristãs, única forma de conferir dignidade ao ser humano, seja homem ou mulher.

Sabemos que, para sorte da humanidade, no silêncio sacrificado de muitos lares, o futuro se renova na mente e no coração dos que abraçam o maior ideal que se pode apresentar a cada um: *Amai-vos uns aos outros como Eu vos amei* (Jo 13, 34). Num lar cristão, as reivindicações feministas não têm razão de ser: o homem cristão ama a sua mãe, orgulha-se da mulher com quem colabora, acolhe com alegria o nascimento das suas filhas e dos seus filhos. Se forem muitos, melhor! Haverá melhores cidadãos e cidadãs. Serão a garantia da identidade da mulher, da valorização da sua pessoa como um todo, da preservação da sua personalidade.

Para concluir, cabe perguntar, após dois séculos de feminismo: Que foi feito da mulher-esposa, companheira que deseja tomar parte em todos os domínios da vida do homem, complemento necessário do seu ser? Onde está a mulher-mãe, chamada a albergar os filhos, homens e mulheres, exaurindo-se com a alegria da semente que se enterra para que brote a vida? *Fazer a mulher verdadeiramente feliz sendo mulher*: este é o desafio que se espera do verdadeiro feminismo!

# MARIA, MODELO DO FEMINISMO

Maria é a Cheia de Graça. "A palavra original grega — *kekaritomene* — significa antes de mais nada algo sumamente amável, cheio de beleza e de encanto transbordante; significa uma formosura patente que se difunde e que envolve em amor, que apaixona. Um famoso professor de língua grega — que não recebera a fé católica — dizia que só se pode chamar assim ao símbolo da feminilidade".[24]

Maria, apesar das condições culturais da mulher do seu tempo, é culta, conhece profundamente as Escrituras e demonstra-o na composição do *Magnificat*, na compreensão profunda do mistério que nela se realizava.

Durante séculos de cristianismo, a ninguém lhe ocorreria pensar que a Virgem Maria não fosse o símbolo da mulher. Foi somente nestes últimos anos que se perdeu de vista esta verdade consoladora, e talvez seja por isso que a Encíclica *Mulieris Dignitatem* vem recordar essa dimensão da Virgem-Mãe proposta no *Magnificat*: *Grandes coisas fez em mim o Todo-Poderoso* (Lc 1, 49).

Essas palavras, nos lábios de Maria — aliás as únicas que aplica a si própria —, referem-se diretamente à concepção de Jesus Cristo no seu seio, mas significam também a tomada de consciência, pela mulher, da sua própria importância e dignidade na ordem da Criação.

"Grandes coisas fez em mim": *esta é a descoberta de toda a riqueza, de todos os recursos pessoais da feminilidade*, de toda a eterna originalidade da "mulher", assim como Deus a quis, pessoa por si mesma. E essa pessoa só se encontra consigo mesma "por um dom sincero de si".[25] Com efeito, a consciência das "grandes coisas" feitas por Deus aflora justamente quando a disponibilidade de Maria se concretiza no *fiat*, no "faça-se" — portanto, a partir do momento em que realiza o "dom de si" — e, quando, ato contínuo, se põe a caminho para *servir* a sua prima Isabel.

Tudo se passa com encantadora simplicidade. Na verdade, essa Mulher que reconhece em si a maior dignidade concedida a um ser humano *realiza a sua vocação servindo*. É na humildade que Maria reina. E o seu serviço é cheio de desvelo: mesmo gestante, ajuda Isabel, já idosa e gestante também; nas bodas de Caná, é Ela quem se dá conta da falta de vinho porque acompanhava atentamente o serviço da festa;

tecerá primorosamente a túnica inconsútil do seu Filho, conhecedora que é da sua majestade. Constituirá com José o par perfeito, onde um não exerce domínio sobre o outro, mas ambos vivem para o Menino, que lhes era submisso. "Em Maria, Eva redescobre qual é a verdadeira dignidade da mulher, da humanidade feminina. Esta descoberta deve chegar continuamente ao coração de cada mulher e plasmar a sua vocação e a sua vida".[26]

Vivemos numa época em que as pessoas estão obcecadas pela auto-realização, que seria sinônimo de felicidade. De modo paradoxal, porém, quanto mais procuramos essa felicidade em nós mesmos, mais ela nos foge das mãos, porque, como diria o poeta, "está sempre e tão somente onde a pomos / e nunca a pomos onde nós estamos". Identificamos felicidade com prazer, auto realização com prazer e obstinamo-nos em fugir da dor. Na realidade, o prazer procede da certeza de estarmos perseguindo um ideal que vale a pena, que vale o sacrifício...

A mulher não será feliz, não se sentirá realizada abrindo mão dos atributos femininos. E o fundamento desses atributos é a outorga de si, é a doação natural ao filho desde o momento em que o traz no seu seio; a entrega consciente à família e à sociedade.

E Maria não será apenas um modelo, um exemplo a ser seguido, antes estará sempre à frente das mulheres de todos os tempos, sussurrando-lhes na alma quando o mundo pretender roubar-lhes a dignidade: *"Grandes coisas fez em ti o Todo-Poderoso"*.

# NOTAS BIBLIOGRÁFICAS

(1) Cf. verbete *Feminismo*, em *Gran Enciclopédia Rialp*, Rialp, Madri; *Servido internacional de colaboraciones*, março de 1973; Diário de Minas Gerais, *Edição comemorativa do Dia da Mulher*, (2) *O Estado de São Paulo*, 3.8.95, p. G7; (3) cit. por Juan Domínguez, *Che cosa si intende oggi per «parità del sessi»*, em *Cultura e libri*, n. 81, jan-jul. 1993, p. 24; (4) Adélia Prado, *Com licença poética*, em *Poesia reunida*, 3ª ed., Siciliano, São Paulo, 1991; (5) João Paulo II, Carta Encíclica *Mulieris dignitatem*, n. 26; (6) João Paulo II, Carta Apost. *Ordinatio sacerdotalis*, 22.05.94; (7) cf. Jacques Leclercq, *A família*, Quadrante, São Paulo, 2023, pp. 262-316; Daniel-Rops, *A Igreja dos tempos bárbaros*, Quadrante, São Paulo, 1991, par. *Santas e monges*; *A Igreja das catedrais e das cruzadas*, Quadrante, São Paulo, 2023, par. *A Igreja e a educação do amor*, (8) Pedro-Juan Viladrich, *A agonia do casamento legal*, Edições Theologica, Braga, 1978, p. 38; (9) Rachel de Queiroz, *A vitória do feminismo*, em

*O Estado de São Paulo*, 26.06.95, p. D9; (10) Adélia Prado, *Casamento*, em *Poesia reunida*; (11) *Mulieris Dignitatem*, n. 10; (12) Paulo Francis, *A mulher alinhada*, em *O Estado de São Paulo*, 09.05.93; p. D11; (13) Winona Ryder, entrevista a *O Estado de São Paulo*, 21.02.95, p. Dl; (14) Jacques Leclercq, *Valores cristãos*, 2ª ed., Quadrante, São Paulo, 1987, p. 58; (15) *Deutsche Tagespost*, Würzburg, 04.08.1992; (16) cf. Boletim *Ace-prensa*, Madri, 28.10.92; (17) Gertrud von Le Fort, *A mulher eterna*, 3ª ed., Livraria Agir Editora, Rio de Janeiro, 1969, p. 99; (18) Nilce T. Mello, *Solteira, mãe e muito feliz*, depoimento à coluna *Na real* em *O Estado de São Paulo*, p. G2; (19) Antônio Orozco Delclos, *Olhar para Maria*, Quadrante, São Paulo, 1992, p. 58; (20) Adélia Prado, *Dolores*, em *Poesia reunida;* (21) Susan Sarandon, entrevista a *O Estado de São Paulo*, 09.03.95, p. Dl; (22) Adélia Prado, *Solar*, em *Poesia reunida;* (23) Karol Wojtyla, *Amor e responsabilidade*, Loyola, São Paulo, 1982, pp. 182-183; (24) Antônio Orozco Delclos, *Olhar para Maria*, p. 16; (25) *Mulieris Dignitatem*, n. 11; (26) *Mulieris dignitatem*, n. 11.

*Direção geral*
Renata Ferlin Sugai

*Direção de aquisição*
Hugo Langone

*Produção editorial*
Juliana Amato
Gabriela Haeitmann
Karine Santos
Ronaldo Vasconcelos
Roberto Martins

*Capa e diagramação*
Karine Santos

ESTE LIVRO ACABOU DE SE IMPRIMIR
A 15 DE AGOSTO DE 2024,
EM PAPEL OFFSET 75 g/m².